D1089812

Place Value

Written by Kathy Furgang
Illustrations by Jackie Snider

FlashKids
New York

This book belongs to

_____

FlashKids
New York
An Imprint of Sterling Publishing
387 Park Avenue South
New York, NY 10016

FLASH KIDS, STERLING, and the distinctive Sterling logo are registered trademarks of Sterling Publishing Co., Inc.

Text and illustrations © 2006 by Flash Kids

Cover design and production by Mada Design, Inc.

All rights reserved. No part of this publication may be reproduced, stored in a retrieval system, or transmitted, in any form or by any means, electronic, mechanical, photocopying, recording, or otherwise, without prior written permission from the publisher.

ISBN 978-1-4114-3459-2

Distributed in Canada by Sterling Publishing
c/o Canadian Manda Group, 165 Dufferin Street
Toronto, Ontario, Canada M6K 3H6
Distributed in the United Kingdom by GMC Distribution Services
Castle Place, 166 High Street, Lewes, East Sussex, England BN7 1XU
Distributed in Australia by Capricorn Link (Australia) Pty. Ltd.
P.O. Box 704, Windsor, NSW 2756, Australia

For information about custom editions, special sales, and premium and corporate purchases, please contact Sterling Special Sales at 800-805-5489 or specialsales@sterlingpublishing.com.

Manufactured in China

Lot #:
4 6 8 10 9 7 5 3
03/12

www.flashkids.com

Dear Parent,

One of the keys to a lifetime love of math is the development of basic math skills, such as identifying the place value of numbers. Once your child can identify place value, the door will be open to unlimited learning of math. This book teaches place value through fun activities such as matching, filling in the blanks, and coloring. To get the most out of this book, follow these simple steps:

- Find a comfortable place where you and your child can work quietly together.
- Encourage your child to work at his or her own pace.
- Help your child read the words and sentences, and ask questions about the content of what he or she has read.
- Offer lots of praise and support.
- Reward your child's hard work with the included stickers.
- Most of all, remember that learning should be fun! Take time to look at the pictures, laugh at the funny characters, and enjoy this special time spent together.

Let's Party!

Place value tells how large or small a number is.
It tells how many ones, tens, or hundreds are in a number.

236

hundreds place tens place ones place

There are 2 hundreds.

There are 3 tens.

There are 6 ones.

Wrapped with a Bow

Write how many groups of ten there are.

1. _____

2. _____

3. _____

Bring in the Clowns

Write the number.

1. 4 tens and 3 ones = _____
2. 2 tens and 9 ones = _____
3. 3 tens and 2 ones = _____
4. 1 ten and 1 one = _____
5. 2 tens and 0 ones = _____
6. 1 ten and 4 ones = _____
7. 4 tens and 9 ones = _____
8. 3 tens and 5 ones = _____
9. 6 tens and 0 ones = _____
10. 5 tens and 5 ones = _____

Where Did Everybody Go?

Write the number of tens and ones.

1. 74 = _____ tens and _____ ones
2. 52 = _____ tens and _____ ones
3. 49 = _____ tens and _____ ones
4. 37 = _____ tens and _____ ones
5. 10 = _____ ten and _____ ones
6. 69 = _____ tens and _____ ones
7. 73 = _____ tens and _____ ones
8. 55 = _____ tens and _____ ones
9. 68 = _____ tens and _____ ones
10. 42 = _____ tens and _____ ones

Time for Cake

Circle the number in the tens place.

Make Some Noise!

Color the noisemakers with **4** in the ones place.

So Many Candles

Write how many tens there are. Write how many ones there are. Write the number on the line.

1.

2 tens and 4 ones = _____

2.

_____ tens and _____ ones = _____

3.

_____ tens and _____ ones = _____

4.

_____ ten and _____ ones = _____

Snack Time

Write the number.

1. 4 tens and 2 ones = _____
2. 9 tens and 1 one = _____
3. 1 ten and 0 ones = _____
4. 0 tens and 5 ones = _____
5. 3 tens and 9 ones = _____
6. 3 tens and 6 ones = _____
7. 7 tens and 2 ones = _____
8. 5 tens and 9 ones = _____
9. 2 tens and 2 ones = _____
10. 4 tens and 6 ones = _____

Everybody Loves a Party

Write the number. Then color the gift that shows the correct answer.

1. 1 hundred + 3 tens + 7 ones =

_____

2. 2 hundreds + 1 ten + 9 ones =

_____

3. 1 hundred + 2 tens + 8 ones =

_____

We Like Cake!

Circle the number in the hundreds place.

Game Time

Place a check next to each number that has **2** in the hundreds place.

287 _____ **202** _____

381 _____ **422** _____

218 _____ **274** _____

902 _____ **213** _____

23 _____ **200** _____

Piñata Party

Color each number that has **0** in the tens place.

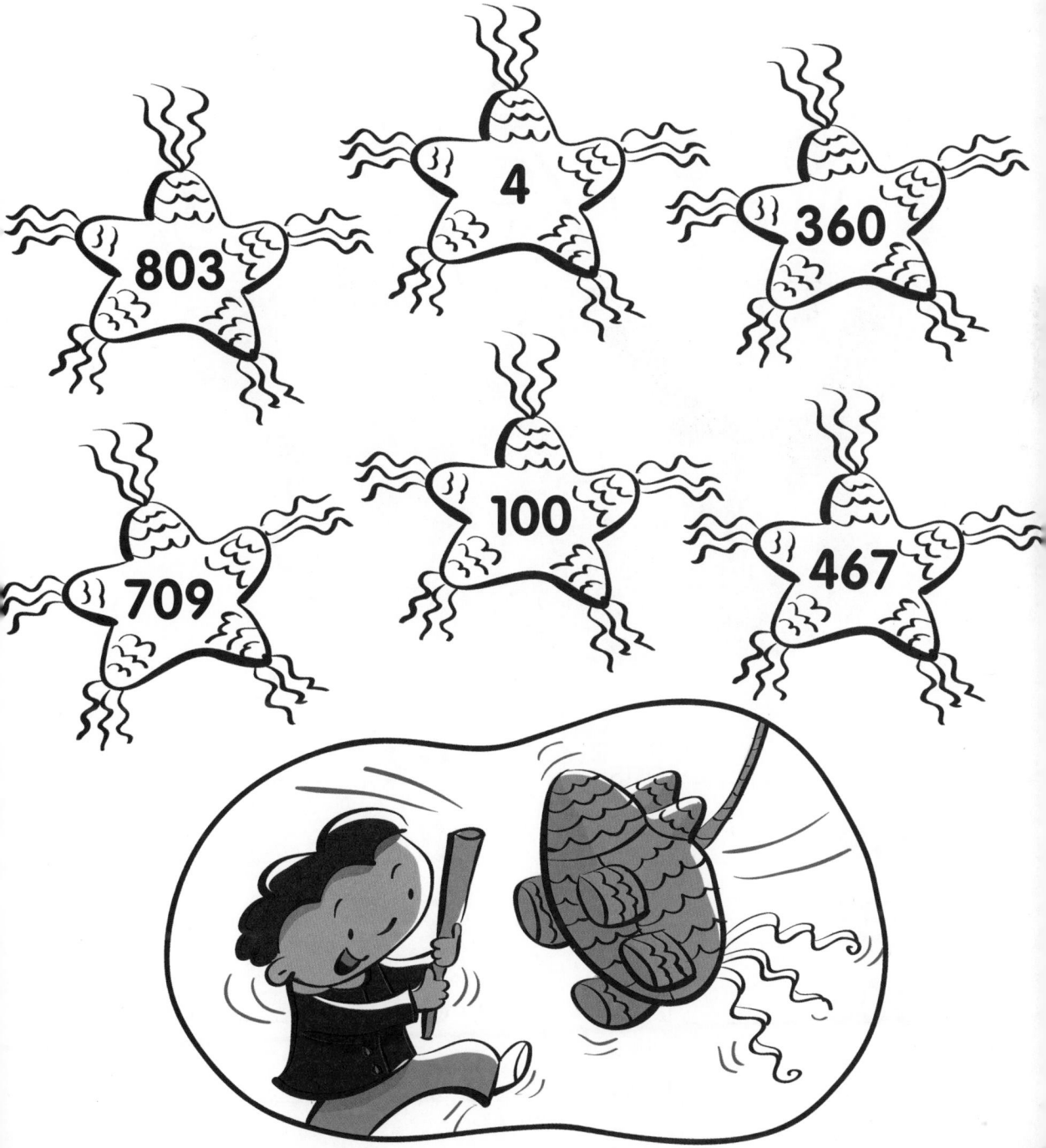

Having a Blast in the Ball Pit

Write how many tens are in each number.

1. **253** _____ tens
2. **719** _____ ten
3. **935** _____ tens
4. **303** _____ tens
5. **123** _____ tens
6. **92** _____ tens
7. **8** _____ tens
8. **293** _____ tens
9. **625** _____ tens
10. **29** _____ tens

Birthday Balloons!

Color the balloons with **8** in the ones place.

Pool Party

Write the number of hundreds, tens, and ones.

1. **381** = _____ hundreds, _____ tens, _____ one
2. **911** = _____ hundreds, _____ ten, _____ one
3. **842** = _____ hundreds, _____ tens, _____ ones
4. **407** = _____ hundreds, _____ tens, _____ ones
5. **100** = _____ hundred, _____ tens, _____ ones
6. **73** = _____ hundreds, _____ tens, _____ ones
7. **267** = _____ hundreds, _____ tens, _____ ones
8. **306** = _____ hundreds, _____ tens, _____ ones
9. **462** = _____ hundreds, _____ tens, _____ ones
10. **561** = _____ hundreds, _____ tens, _____ one

Bowling Party

Write the number.

1. 7 hundreds + 0 tens + 1 one = _____
2. 2 hundreds + 2 tens + 9 ones = _____
3. 9 hundreds + 1 ten + 3 ones = _____
4. 0 hundreds + 2 tens + 5 ones = _____
5. 4 hundreds + 3 tens + 6 ones = _____
6. 1 hundred + 7 tens + 8 ones = _____
7. 3 hundreds + 6 tens + 2 ones = _____
8. 5 hundreds + 2 tens + 9 ones = _____
9. 8 hundreds + 4 tens + 2 ones = _____
10. 6 hundreds + 5 tens + 0 ones = _____

Popcorn Fun

Circle the numbers in the hundreds place.

Underline the numbers in the tens place.

1. 809
2. 612
3. 593
4. 833
5. 72
6. 844
7. 200
8. 125
9. 86
10. 358

Creative Creatures

Circle the numbers that have **2** in the tens place.

Winter Party

Write the number of hundreds, tens, and ones.

1. **582** = _____ hundreds, _____ tens, _____ ones
2. **678** = _____ hundreds, _____ tens, _____ ones
3. **627** = _____ hundreds, _____ tens, _____ ones
4. **50** = _____ hundreds, _____ tens, _____ ones
5. **6** = _____ hundreds, _____ tens, _____ ones
6. **258** = _____ hundreds, _____ tens, _____ ones
7. **195** = _____ hundred, _____ tens, _____ ones
8. **246** = _____ hundreds, _____ tens, _____ ones
9. **981** = _____ hundreds, _____ tens, _____ one
10. **73** = _____ hundreds, _____ tens, _____ ones

Wrap It Up

Place a check to show which place value is circled.

		Hundreds	Tens	Ones
1.	47			
2.	921			
3.	300			
4.	408			
5.	842			
6.	38			

Gotcha!

Color the pieces of candy that have **4** in the hundreds place.

940

475

554

404

487

915

321

448

49

324

Making a Mess

Draw a square around the number in the hundreds place.

Circle the number in the tens place.

Draw a triangle around the number in the ones place.

1. 486
2. 924
3. 48
4. 230
5. 60
6. 570
7. 9
8. 187
9. 364
10. 406

A Quiet Game

Circle the numbers that do not show a number in the hundreds place.

1. 860
2. 58
3. 8
4. 500
5. 67
6. 228
7. 906
8. 56
9. 21
10. 103

Puppet Show

Write the number.

1. 4 hundreds + 0 tens + 9 ones = _____
2. 3 tens + 0 ones = _____
3. 2 hundreds + 1 ten + 0 ones = _____
4. 7 hundreds + 0 tens + 2 ones = _____
5. 5 tens + 2 ones = _____
6. 8 hundreds + 2 tens + 2 ones = _____
7. 6 hundreds + 5 tens + 2 ones = _____
8. 9 hundreds + 2 tens + 3 ones = _____
9. 6 tens + 9 ones = _____
10. 7 hundreds + 2 tens + 3 ones = _____

Make Your Own Sundae

Write how many hundreds are in each number.

1. **482** _____
2. **392** _____
3. **56** _____
4. **90** _____
5. **219** _____
6. **466** _____
7. **294** _____
8. **219** _____
9. **126** _____
10. **502** _____

Party Hats

Color the party hats with **0** in the tens place.

A Tea Party

Write the number of hundreds, tens, and ones. Then write the complete number.

1. 2 hundreds + 4 tens + 2 ones

200 + 40 + 2 =

242

2. 0 hundreds + 2 tens + 8 ones

_____ + _____ + _____ =

_____

3. 7 hundreds + 3 tens + 1 one

_____ + _____ + _____ =

_____

4. 6 hundreds + 0 tens + 6 ones

_____ + _____ + _____ =

_____

A Thirsty Bunch

Circle the name of the place value that matches the number that has a square around it.

1.

hundreds tens ones

2.

hundreds tens ones

3.

hundreds tens ones

4.

hundreds tens ones

5.

hundreds tens ones

Pig-Out Picnic

Write the number.

1. 3 hundreds + 2 tens + 4 ones = _____
2. 2 hundreds + 1 ten + 9 ones = _____
3. 7 hundreds + 0 tens + 0 ones = _____
4. 6 hundreds + 9 tens + 5 ones = _____
5. 1 hundred + 8 tens + 1 one = _____
6. 4 hundreds + 5 tens + 3 ones = _____
7. 6 hundreds + 3 tens + 8 ones = _____
8. 9 hundreds + 1 ten + 6 ones = _____
9. 2 hundreds + 4 tens + 2 ones = _____
10. 4 hundreds + 3 tens + 4 ones = _____

Bright Idea!

Color the lights that show **6** in the ones place.

Beach Party

Color the beach balls that have **2** in the tens place.

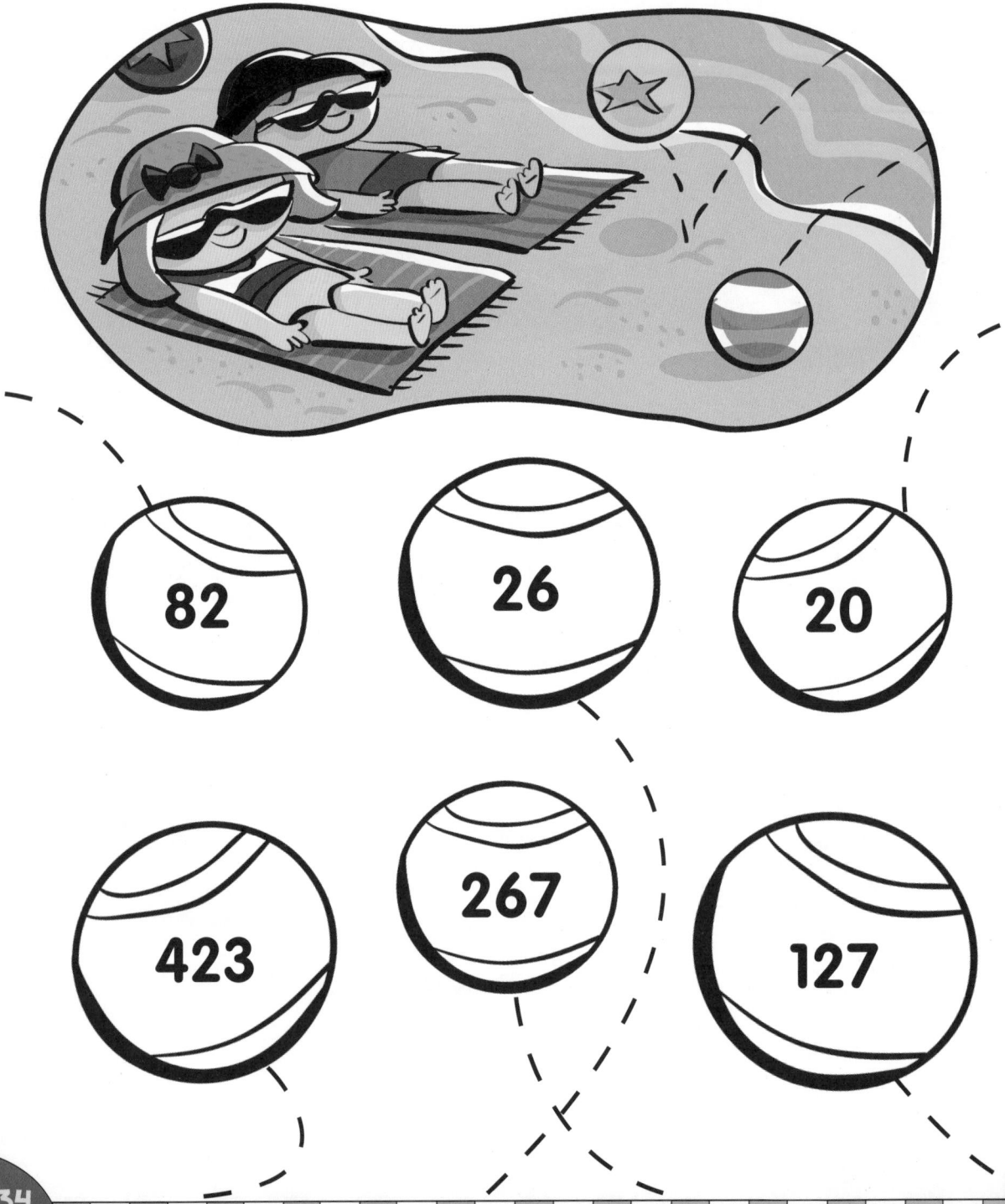

Pumpkin Party

Write the number of hundreds, tens, and ones.
Then write the complete number.

1.

2 hundreds + 0 tens + 6 ones

_____ + _____ + _____ =

_____

2.

1 hundred + 9 tens + 8 ones

_____ + _____ + _____ =

_____

3.

3 hundreds + 2 tens + 3 ones

_____ + _____ + _____ =

_____

4.

4 hundreds + 4 tens + 7 ones

_____ + _____ + _____ =

_____

Baby Party

Write the number of hundreds, tens, and ones.

1. 682 = _____ hundreds, _____ tens, _____ones
2. 820 = _____ hundreds, _____ tens, _____ones
3. 917 = _____ hundreds, _____ ten, _____ones
4. 63 = _____ hundreds, _____ tens, _____ones
5. 577 = _____ hundreds, _____ tens, _____ones
6. 602 = _____ hundreds, _____ tens, _____ones
7. 425 = _____ hundreds, _____ tens, _____ones
8. 396 = _____ hundreds, _____ tens, _____ones
9. 506 = _____ hundreds, _____ tens, _____ones
10. 716 = _____ hundreds, _____ ten, _____ones

Pizza Party

Circle the pieces of pizza that have **9** in the hundreds place.

Puppy Party

Write the number.

1. 5 hundreds + 8 tens + 1 one = _____
2. 2 hundreds + 2 tens + 2 ones = _____
3. 9 hundreds + 0 tens + 0 ones = _____
4. 0 hundreds + 0 tens + 2 ones = _____
5. 4 hundreds + 2 tens + 9 ones = _____
6. 3 hundreds + 5 tens + 6 ones = _____
7. 7 hundreds + 3 tens + 2 ones = _____
8. 1 hundred + 5 tens + 3 ones = _____
9. 4 hundreds + 6 tens + 2 ones = _____
10. 3 hundreds + 4 tens + 6 ones = _____

Balloons, Balloons, Balloons!

Draw a string on the balloons that have **0** in the ones place.

One More Bow

Write the number of hundreds, tens, and ones. Then write the complete number.

1. 6 hundreds + 8 tens + 4 ones

_____ + _____ + _____ =

_____

2. 3 hundreds + 4 tens + 1 one

_____ + _____ + _____ =

_____

3. 2 hundreds + 5 tens + 0 ones

_____ + _____ + _____ =

_____

4. 4 hundreds + 3 tens + 8 ones

_____ + _____ + _____ =

_____

Balloon Animals

Color the balloon animals that show **3** in the hundreds place.

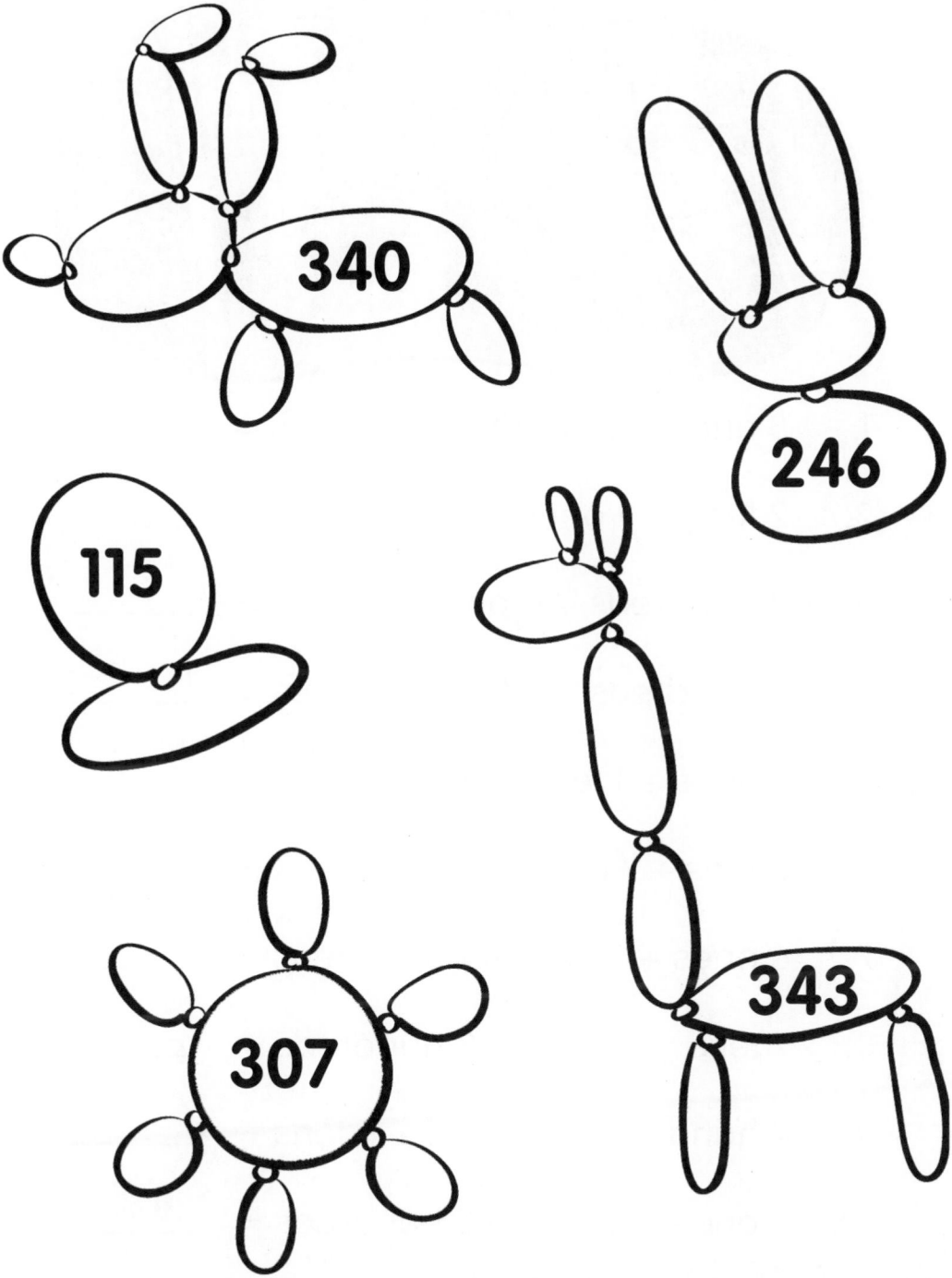

Hide and Seek

Write the number. Pay careful attention to the hundreds, tens, and ones.

1. 8 ones + 2 hundreds + 3 tens = _____
2. 2 tens + 9 ones + 1 hundred = _____
3. 4 hundreds + 0 ones + 5 tens = _____
4. 5 hundreds + 0 tens + 8 ones = _____
5. 7 ones + 1 ten + 2 hundreds = _____
6. 8 tens + 7 ones + 8 hundreds = _____
7. 6 ones + 3 hundreds + 4 tens = _____
8. 7 tens + 2 ones + 3 hundreds = _____
9. 4 hundreds + 5 ones + 6 tens = _____
10. 3 ones + 6 tens + 2 hundreds = _____

Leap Frog Fun

Write the number. Pay careful attention to the hundreds, tens, and ones.

1. 3 tens + 9 ones + 2 hundreds = _____
2. 5 hundreds + 0 tens + 3 ones = _____
3. 6 ones + 7 tens + 1 hundred = _____
4. 4 tens + 0 hundreds + 6 ones = _____
5. 0 tens + 8 ones + 3 hundreds = _____
6. 7 ones + 2 hundreds + 6 tens = _____
7. 3 tens + 2 ones + 7 hundreds = _____
8. 4 ones + 3 hundreds + 2 tens = _____
9. 0 ones + 2 tens + 4 hundreds = _____
10. 6 tens + 7 ones + 3 hundreds = _____

Great Gift!

Check the box that shows the place value that is circled.

		Hundreds	Tens	Ones
1.	487			
2.	992			
3.	35			
4.	200			
5.	583			
6.	119			

Bows in a Row

Color the bows with **4** in the tens place.

Pajama Party

Circle the number that has a larger tens place.

1. 948 570

2. 90 100

3. 689 247

4. 234 951

5. 8 811

Party Favors

Circle the number that has a larger ones place.

1. 587 250

2. 28 281

3. 630 782

4. 468 39

5. 725 366

Birthday Party

Write the number that has a smaller tens place.

1. 345 890 345
2. 920 832 ____
3. 120 40 ____
4. 567 756 ____
5. 354 12 ____
6. 219 56 ____
7. 406 228 ____
8. 67 170 ____
9. 258 162 ____
10. 119 191 ____

Clean Up Time

Write the number that has a smaller ones place.

1. 50 652 50
2. 851 327 ____
3. 25 920 ____
4. 645 728 ____
5. 562 89 ____
6. 221 70 ____
7. 115 106 ____
8. 245 197 ____
9. 310 211 ____
10. 409 510 ____

Musical Chairs

Thousands is the place value after hundreds. 1000 comes after 999.

1,375

thousands place hundreds place tens place ones place

There is 1 thousand.

There are 3 hundreds.

There are 7 tens.

There are 5 ones.

Huffing and Puffing

Write the number of thousands, hundreds, tens, and ones.

1. **5,982** = _____ thousands, _____ hundreds, _____ tens, _____ ones

2. **2,855** = _____ thousands, _____ hundreds, _____ tens, _____ ones

3. **1,896** = _____ thousand, _____ hundreds, _____ tens, _____ ones

4. **3,702** = _____ thousands, _____ hundreds, _____ tens, _____ ones

5. **8,008** = _____ thousands, _____ hundreds, _____ tens, _____ ones

6. **3,670** = _____ thousands, _____ hundreds, _____ tens, _____ ones

Wedding Party

Write the number.

1. 3 thousands + 2 hundreds + 9 tens + 8 ones = _____

2. 2 thousands + 1 hundred + 0 tens + 2 ones = _____

3. 8 thousands + 9 hundreds + 2 tens + 4 ones = _____

4. 6 thousands + 5 hundreds + 4 tens + 4 ones = _____

5. 1 thousand + 3 hundreds + 0 tens + 6 ones = _____

6. 2 thousands + 6 hundreds + 9 tens + 0 ones = _____

7. 4 thousands + 3 hundreds + 4 tens + 3 ones = _____

8. 7 thousands + 5 hundreds + 0 tens + 9 ones = _____

Magic Tricks

Write the number that is in the thousands place.

1. **8,920** _____
2. **3,644** _____
3. **2,587** _____
4. **1,010** _____
5. **9,647** _____
6. **4,086** _____
7. **5,000** _____
8. **7,438** _____
9. **8,209** _____
10. **6,321** _____

Time for Treats

Color the ice cream sundaes with the **9** in the thousands place.

A Painting Party!

Write how many thousands, hundreds, tens, and ones there are.

		Thousands	Hundreds	Tens	Ones
1.	**5,874**				
2.	**502**				
3.	**2,588**				
4.	**632**				
5.	**30**				
6.	**8,745**				

Potato Sack Race

Write the number.

1. 4 thousands + 2 hundreds + 0 tens + 3 ones = _____

2. 0 thousands + 5 hundreds + 8 tens + 0 ones = _____

3. 3 thousands + 9 hundreds + 5 tens + 8 ones = _____

4. 0 thousands + 0 hundreds + 3 tens + 1 one = _____

5. 5 thousands + 0 hundreds + 4 tens + 2 ones = _____

6. 2 thousands + 1 hundred + 7 tens + 5 ones = _____

Barbeque!

Check the box that shows the place value that is circled.

		Thousands	Hundreds	Tens	Ones
1.	5,820				
2.	632				
3.	7,434				
4.	61				
5.	964				
6.	1,689				

Finger Paints!

Color the hands that have **5** in the hundreds place.

Bubbles!

Write the number of thousands, hundreds, tens, and ones.

		Thousands	Hundreds	Tens	Ones
1.	**784**				
2.	**505**				
3.	**4,921**				
4.	**3,120**				
5.	**58**				
6.	**2,689**				

Relay Races

Circle the number that has a larger number in the tens place.

1. **7,769** **6,384**
2. **251** **7,820**
3. **415** **4,575**
4. **2,010** **998**
5. **7,643** **384**
6. **367** **3,111**
7. **201** **99**
8. **1,412** **2,656**

What a Day!

Circle the number that has a smaller number in the thousands place.

1. **7,589 3,697**
2. **4,050 6,050**
3. **1,327 9,547**
4. **8,522 3,987**
5. **5,555 8,888**
6. **2,020 3,000**
7. **8,129 6,092**
8. **6,258 3,520**

Answer Key

Page 5
1. 1
2. 2
3. 3

Page 6
1. 43
2. 29
3. 32
4. 11
5. 20
6. 14
7. 49
8. 35
9. 60
10. 55

Page 7
1. 7 tens and 4 ones
2. 5 tens and 2 ones
3. 4 tens and 9 ones
4. 3 tens and 7 ones
5. 1 ten and 0 ones
6. 6 tens and 9 ones
7. 7 tens and 3 ones
8. 5 tens and 5 ones
9. 6 tens and 8 ones
10. 4 tens and 2 ones

Page 8
1. 39
2. 20
3. 71
4. 63
5. 84
6. 15
7. 91

Page 9
The following numbers should be colored:
14, 34, 4, 24

Page 10
1. 24
2. 3 tens and 0 ones = 30
3. 2 tens and 5 ones = 25
4. 1 ten and 8 ones = 18

Page 11
1. 42
2. 91
3. 10
4. 5
5. 39
6. 36
7. 72
8. 59
9. 22
10. 46

Page 12
1. 137
2. 219
3. 128

Page 13
1. 821
2. 158
3. 571
4. 369
5. 870
6. 300

Page 14
The following numbers should have a check:
287, 218, 202, 274, 213, 200

Page 15
The following numbers should be colored: 803, 709, 100

Page 16
1. 5
2. 1
3. 3
4. 0
5. 2
6. 9
7. 0
8. 9
9. 2
10. 2

Page 17
The following numbers should be colored: 38, 78, 708, 518

Page 18
1. 3 hundreds, 8 tens, 1 one
2. 9 hundreds, 1 ten, 1 one
3. 8 hundreds, 4 tens, 2 ones
4. 4 hundreds, 0 tens, 7 ones
5. 1 hundred, 0 tens, 0 ones
6. 0 hundreds, 7 tens, 3 ones
7. 2 hundreds, 6 tens, 7 ones
8. 3 hundreds, 0 tens, 6 ones
9. 4 hundreds, 6 tens, 2 ones
10. 5 hundreds, 6 tens, 1 one

Page 19
1. 701
2. 229
3. 913
4. 25
5. 436
6. 178
7. 362
8. 529
9. 842
10. 650

Page 20
1. 809
2. 612
3. 593
4. 833
5. 72
6. 844
7. 200
8. 125
9. 86
10. 358

Page 21
The following numbers should be circled: 29, 23, 722, 820, 28

Page 22
1. 5 hundreds, 8 tens, 2 ones
2. 6 hundreds, 7 tens, 8 ones
3. 6 hundreds, 2 tens, 7 ones
4. 0 hundreds, 5 tens, 0 ones
5. 0 hundreds, 0 tens, 6 ones
6. 2 hundreds, 5 tens, 8 ones
7. 1 hundred, 9 tens, 5 ones
8. 2 hundreds, 4 tens, 6 ones
9. 9 hundreds, 8 tens, 1 one
10. 0 hundreds, 7 tens, 3 ones

Page 23
1. tens
2. ones
3. hundreds
4. ones
5. ones
6. tens

Page 24
The following numbers should be colored: 487, 475, 404, 448

Page 25
1. 486
2. 924
3. 48
4. 230
5. 60
6. 570
7. 9
8. 187
9. 364
10. 406

Page 26
The following numbers should be circled: 58, 8, 67, 56, 21

Page 27
1. 409
2. 30
3. 210
4. 702
5. 52
6. 822
7. 652
8. 923
9. 69
10. 723

Page 28
1. 4
2. 3
3. 0
4. 0
5. 2
6. 4
7. 2
8. 2
9. 1
10. 5

Page 29
The following numbers should be colored:
205, 405, 700, 902

Page 30
2. 0 + 20 + 8 = 28
3. 700 + 30 + 1 = 731
4. 600 + 0 + 6 = 606

Page 31
1. hundreds
2. tens
3. hundreds
4. ones
5. tens

Page 32
1. 324
2. 219
3. 700
4. 695
5. 181
6. 453
7. 638
8. 916
9. 242
10. 434

Page 33
The following numbers should be colored:
46, 896, 6, 86

Page 34
The following numbers should be colored:
26, 20, 423, 127

Page 35
1. 200 + 0 + 6 = 206
2. 100 + 90 + 8 = 198
3. 300 + 20 + 3 = 323
4. 400 + 40 + 7 = 447

Answer Key

Page 36

1. 6 hundreds, 8 tens, 2 ones
2. 8 hundreds, 2 tens, 0 ones
3. 9 hundreds, 1 ten, 7 ones
4. 0 hundreds, 6 tens, 3 ones
5. 5 hundreds, 7 tens, 7 ones
6. 6 hundreds, 0 tens, 2 ones
7. 4 hundreds, 2 tens, 5 ones
8. 3 hundreds, 9 tens, 6 ones
9. 5 hundreds, 0 tens, 6 ones
10. 7 hundreds, 1 ten, 6 ones

Page 37

The following numbers should be circled:
950, 909, 994

Page 38

1. 581
2. 222
3. 900
4. 2
5. 429
6. 356
7. 732
8. 153
9. 462
10. 346

Page 39

The following balloons should have a string:
10, 300, 90, 30

Page 40

1. 600 + 80 + 4 = 684
2. 300 + 40 + 1 = 341
3. 200 + 50 + 0 = 250
4. 400 + 30 + 8 = 438

Page 41

The following numbers should be colored:
340, 343, 307

Page 42

1. 238
2. 129
3. 450
4. 508
5. 217
6. 887
7. 346
8. 372
9. 465
10. 263

Page 43

1. 239
2. 503
3. 176
4. 46
5. 308
6. 267
7. 732
8. 324
9. 420
10. 367

Page 44

1. tens
2. ones
3. tens
4. hundreds
5. hundreds
6. ones

Page 45

The following numbers should be colored:
45, 248, 243, 345

Page 46

The following numbers should be circled:
1. 570 2. 90 3. 689
4. 951 5. 811

Page 47

The following numbers should be circled:
1. 587 2. 28 3. 782
4. 39 5. 366

Page 48

2. 920
3. 120
4. 756
5. 12
6. 219
7. 406
8. 67
9. 258
10. 119

Page 49

2. 851
3. 920
4. 645
5. 562
6. 70
7. 115
8. 245
9. 310
10. 510

Page 51

1. 5 thousands, 9 hundreds, 8 tens, 2 ones
2. 2 thousands, 8 hundreds, 5 tens, 5 ones
3. 1 thousand, 8 hundreds, 9 tens, 6 ones
4. 3 thousands, 7 hundreds, 0 tens, 2 ones
5. 8 thousands, 0 hundreds, 0 tens, 8 ones
6. 3 thousands, 6 hundreds, 7 tens, 0 ones

Page 52

1. 3,298
2. 2,102
3. 8,924
4. 6,544
5. 1,306
6. 2,690
7. 4,343
8. 7,509

Page 53

1. 8
2. 3
3. 2
4. 1
5. 9
6. 4
7. 5
8. 7
9. 8
10. 6

Page 54

The following numbers should be colored: 9,098; 9,393; 9,000

Page 55

1. 5 thousands, 8 hundreds, 7 tens, 4 ones
2. 0 thousands, 5 hundreds, 0 tens, 2 ones
3. 2 thousands, 5 hundreds, 8 tens, 8 ones
4. 0 thousands, 6 hundreds, 3 tens, 2 ones
5. 0 thousands, 0 hundreds, 3 tens, 0 ones
6. 8 thousands, 7 hundreds, 4 tens, 5 ones

Page 56

1. 4,203
2. 580
3. 3,958
4. 31
5. 5,042
6. 2,175

Page 57

1. hundreds
2. ones
3. thousands
4. ones
5. tens
6. thousands

Page 58

The following numbers should be colored: 520; 9,584; 5,550; 2,500; 1,500

Page 59

1. 0 thousands, 7 hundreds, 8 tens, 4 ones
2. 0 thousands, 5 hundreds, 0 tens, 5 ones
3. 4 thousands, 9 hundreds, 2 tens, 1 one
4. 3 thousands, 1 hundred, 2 tens, 0 ones
5. 0 thousands, 0 hundreds, 5 tens, 8 ones
6. 2 thousands, 6 hundreds, 8 tens, 9 ones

Page 60

These numbers should be circled:

1. 6,384
2. 251
3. 4,575
4. 998
5. 384
6. 367
7. 99
8. 2,656

Page 61

These numbers should be circled:

1. 3,697
2. 4,050
3. 1,327
4. 3987
5. 5,555
6. 2,020
7. 6,092
8. 3,520

It's Party Time,
_____!
(Name)
You're a place value winner!